DE L'IMPORTANCE

DE

L'HYGIÈNE

CONFÉRENCE

FAITE AU CERCLE DU PROGRÈS A DUNKERQUE

Le 1er Novembre 1879

Par le Docteur VÉZIEN.

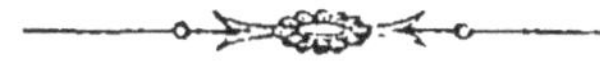

DUNKERQUE
Imprimerie du « PHARE », rue du Sud, 29
1879.

DE L'IMPORTANCE

DE

L'HYGIÈNE

CONFÉRENCE

FAITE AU CERCLE DU PROGRÈS A DUNKERQUE

Le 1er Novembre 1879

Par le Docteur VÉZIEN.

DUNKERQUE
Imprimerie du « PHARE », rue du Sud, 29
1879.

DE L'IMPORTANCE

DE

L'HYGIÈNE

PAR LE DOCTEUR VÉZIEN.

Mesdames, Messieurs,

La Société Dunkerquoise pour l'encouragement des sciences, des lettres et des arts a décidé de faire des cours aux adultes. Chargé des leçons d'hygiène, je prendrai l'hygiène en général pour texte de cette conférence qui sera le programme ou plutôt la préface du cours.

N'ayant jamais parlé en public, j'ai craint en le faisant, de mal traiter mon sujet et même de rester court ; c'est pour cela que j'ai rédigé d'avance la conférence que je vais vous lire ; veuillez me le pardonner.

Tout le monde sait — ou à peu près, ce que c'est que l'hygiène ; on n'ignore pas qu'elle est l'art de conserver la santé et on convient naturellement de son utilité grande ; mais peu de personnes savent combien de connaissances elle exige pour être traitée dans toute son étendue et surtout quelle est son immense importance. — Les exemples que je vais citer, vous convaincront d'abord de ce dernier point, — nous reviendrons ensuite aux questions particulières qu'elle embrasse.

—

Il naît, chaque année, en France, environ 950 mille enfants, — sur lesquels 205 par mille — c'est-à-dire plus de 190,000 enfants meurent dans la première année. Pour vous dire brutalement les choses, sachez qu'un très grand nombre *meurent de faim* ; — ce qui signifie exactement, qu'en croyant bien faire, beaucoup de femmes ignorantes ne leur donnent qu'une alimentation insuffisante, ou plutôt une alimentation non appropriée à leur âge et à leurs organes : — Tant que les enfants n'ont pas de dents pour manger, il n'y a qu'une seule nourriturequi leur convienne : le lait, le vrai lait, analogue autant que possible dans sa composition au lait de la mère.— Dans les premiers mois, les décoctions, les bouillies, les panades sont difficilement digérées, irritent l'estomac et les intestins qui s'enflamment... la mort suit, ou au moins un affaiblissement de la constitution qui laisse des traces pendant tout le reste de l'existence.

—

Avec nos connaissances actuelles en hygiène, on pourrait en sauver la moitié ; au minimum 50 à 60,000, — et davantage plus tard.

La mortalité des enfants trouvés est encore bien plus considérable : avant la révolution de 1789, elle était de 900 sur 1,000. Ce chiffre épouvantable se retrouve encore dans le département de la Loire-Inférieure. — D'après les dernières statisques, dans la Nièvre elle est de 700 sur 1,000

Un médecin de Lyon, le docteur Brochard, a, dans ces derniéres années, puissamment attiré l'attention publique sur cette déplorable situation, dans un mémoire « *sur la mortalité des nourrissons en France* », ouvrage couronné par l'Institut. Les journaux en ont instruit le public ; on a su partout ce qu'était l'industrie de ces prétendues nourrices ou gardeuses d'enfants quedans son énergie le langage populaire a stigmatisées du nom de *faiseuses d'anges*, et une société s'est formée : *la Société protectrice de l'enfance*, qui a pour objet de propager l'allaitement maternel ; — de préserver les enfants abandonnés; — de protéger les enfants de toutes conditions; — de vulgariser, dans les familles, les préceptes les plus utiles de l'hygiène physique et morale des enfants et d'en favoriser l'application, afin de préparer pour l'avenir des générations saines de corps et d'esprit. Le nombre des adhérents à cette société est déjà grand et les résultats obtenus considérables. C'est quelque chose comme une « *Œuvre de la sainte Enfance* », mais laïque, appliquée sous nos yeux et travaillant non pour les petits Chinois, mais pour des Français.

—

Une des conditions d'existence heureuse est, sans contredit, l'intégrité de la vision. Or, il existe une maladie contagieuse qui affecte les organes oculaires et qui sévit surtout sur l'enfance, la conjonctivité granuleuse. A l'état épidémique, c'est une maladie qui a rendu aveugles un grand nombre des compagnons de St-Louis lors de sa 1re croisade en Afrique, et pour lesquels il a fondé l'hospice des Quinze-Vingts qui existe encore à Paris. Nos soldats de l'expédition d'Egypte en ont aussi été cruellement atteints ; beaucoup sont revenus aveugles. Cette maladie règne encore aujourd'hui partout en Algérie. — L'armée belge, il y a un certain nombre d'années, a été maltraité par ce fléau qui s'est, de là, répandu dans la population civile. Des soins bien entendus, l'ont à peu près, fait disparaître chez les soldats.

Dans ce pays même, à Dunkerque et dans tout le département du Nord, elle subsiste, moins grave, il est vrai, qu'à l'état d'épidémie, mais des centaines d'enfants en sont atteints et se la communiquent l'un à l'autre, surtout dans les écoles. Il y aurait lieu d'aviser.

—

Une autre maladie qui sévit surtout dans ce département et qu'il serait très-facile de faire disparaître est la *Gingivite tartreuse*. Des milliers de personnes en sont affligées sans s'en douter, même dans la classe aisée : Par défaut de soin de la bouche, du tartre s'accumule à la base des dents, pénètre sous les gencives jusqu'aux racines. Les dents se déchaussent, s'ébranlent peu-à-peu et finissent par tomber, sans être atteintes de carie. Il y a, je le répète, plus de 100,000 personnes dans le seul département du Nord qui perdent prématurément leurs dents par suite de cette affection malpropre et qui, dans certains cas, devient peut-être contagieuse. L'usage général, dès l'enfance, de la brosse à dents avec de l'eau pure, suffirait pour supprimer à peu près cette fâcheuse infirmité : les dents sont un instrument précieux à conserver et le traitement ne coûte pas cher. On devrait apprendre cela à l'école.

—

La plupart des enfants viennent au monde avec de bons yeux ; jusqu'à 8 ou 10 ans, tous conservent une vue d'une portée ordinaire , mais après les premières années d'école, chez un certain nombre, la vue baisse ; on s'aperçoit qu'au tableau ils ne peuvent plus distinguer à quelques mètres : ils sont devenus myopes. Les causes de cette infirmité acquise sont connues : C'est, un mauvais éclairage, — une position vicieuse du corps et la facheuse habitude de regarder de près pour lire les caractères trop fins d'une mauvaise impression.

Cette infirmité tend de nos jours à s'accroître. Dans certains lycées, elle atteint près du quart des élèves. Dans l'armée, elle devait jadis être très-marquée pour être une cause d'exemption de service. Il fallait que le conscrit pût lire à travers le n° 5. Or il y avait à cela un double inconvénient : D'abord, certains sujets s'exerçaient graduellement à se servir de verres de plus en plus forts et cherchaient ainsi à tromper les Conseils de révision, qui rarement s'y laissaient prendre. Ensuite, on acceptait des hommes qui, bien qu'incapables de lire avec le n° 5, avaient cependant la vue assez basse pour ne pouvoir distinger sans lunettes à cent pas un homme d'un bœuf... En 1877 les militaires ont été autorisés à porter des lunettes et depuis peu de temps le ministre de la guerre en a envoyé 60 paires par régiment, à titre de première mise.

Une hygiène bien entendue,et dont l'observation devrait être scrupuleusement exigée dans toutes les écoles ferait, dans l'avenir, disparaître cette infirmité fâcheuse. Or sur dix myopes, il y en a huit au moins qui le sont devenus par l'effet des causes précitées.

—

Voici une autre maladie dont l'hygiène peut avoir raison facilement. Bien qu'elle ne soit pas dangereuse, elle n'en est pas moins désagréable et choquante. Je veux parler de la *gale*. Très-fréquente dans certains pays, en Corse, par exemple, et en Bretagne, elle sévissait naguère sur les armées, et lors de mon entrée au service, il y avait encore dans chaque hôpital militaire une division de galeux. Le grand Napoléon lui-même en a été atteint et l'a conservée longtemps. Ce fut la cause de son extrême maigreur pendant sa jeunesse et il n'en fut débarrassé que sous l'Empire par les soins de Corvisart. Sous l'impression de certaines théories médicales on respectait jusqu'à un certain point la maladie...... et puis, on ne savait pas la traiter promptement. Aujourd'hui nous la guérissons en quelques heures. Pour atténuer ce qu'avait de prosaïque une pareille éruption sur un si grand personnage, on avait imaginé de dire qu'il l'avait contractée au siége de Toulon en prenant le refouloir et en chargeant lui même la pièce d'un canonnier tué... Il est bien plus probable qu'il l'avait rapportée de son île comme un grand nombre de ses compatriotes.

—

Il est une autre maladie contagieuse que les progrès de la médecine et de l'hygiène ont déjà fort atténuée, du moins dans notre pays. C'est celle qui fit de si grands ravages, peu de temps après la découverte de l'Amérique et qui fut connue d'abord en Italie, sous le nom de

Mal Français et en France sous le nom de Mal Napolitain.

Le roi François 1er en mourut. On n'en meurt plus guère de nos jours, mais elle sévit sur le monde entier. De sages précautions et des règlements administratifs sévères ; la connaissance des soins à prendre et surtout les progrès de la moralité publique pourront finir par en avoir raison.

—

Je vais vous parler maintenant d'une grande classe de maladies, les plus tristes peut-être de toutes celles qui affligent et déciment l'humanité. Je veux dire la Scrofule et la Tuberculisation pulmonaire. Les causes en sont connues : Ce sont, le plus souvent, un mauvais régime et une habitation insalubre pendant les premières années de l'enfance Cette maladie est héréditaire, c'est-à-dire que les parents en transmettent le germe à leurs enfants. Elle se traduit par des glandes, des éruptions diverses à la peau, des ophthalmies, des caries osseuses et articulaires, — et enfin par les lésions presque incurables des poumons qui emportent au tombeau tant de poitrinaires de tous les âges. Devant les conseils de révision, le département du Nord est un de ceux qui présentent le plus d'exemptés pour manifestations scrofuleuses : environ 30 pour mille. La moyenne pour toute la France étant de 17 sur mille.

Sans prédisposition aucune, la phthsie peut naître chez ceux qui vivent dans une atmosphère humide, obscure et renfermée: la preuve c'est que les vaches élevées à Paris, dans des étables confinées, ainsi que les singes et les lions de nos ménageries, meurent presque tous phthisiques, et ces bêtes-là, que je sache, ne tiennent pas de leurs parents des prédispositions à cette maladie ; dans leurs forêts elles ne deviennent pas poitrinaires. Eh bien, par une mauvaise hygiène, nous faisons naître aussi des phthisies chez des personnes qui n'y étaient pas prédisposées.... Celles-ci procréeront des enfants ayant le germe du même mal et qui, presque toujours, mourront à un âge moins avancée que celui qu'atteindront ces parents. Entre parenthèse, cette mort prématurée est un moyen puissant que la nature emploie, pour diminuer la plus triste de toutes les maladies transmissibles. En tuant les enfants prédisposés à la phthisie avant l'âge auquel les parents sont arrivés eux mêmes, elle éteint les familles atteintes du vice héréditaire. La nature a des moyens radicaux dont il ne nous est pas permis d'user.

Pour vous démontrer l'importance de l'hygiène, je vous ai cité un certain nombre de maladies contre lesquelles elle est toute puissante ; la liste de ces maladies est bien loin d'être épuisée. En voici encore quelques autres dont je vous parlerai brièvement.

—

L'alcoolisme d'abord, suite de l'ivrognerie. — Pour effleurer seulement cette question, il faudrait plus de temps que nous n'en pouvons disposer. — L'alcoolisme est un véritable empoisonnement chronique. Indépendamment des accidents aigus dont les alcooliques peuvent être atteints, comme le tremblement et le délire des ivrognes ; indépendamment de la gravité plus grande de toutes leurs maladies et de leurs blessures, les alcooliques sont une des causes les plus actives de dégénérescence et de dégradation pour l'espèce humaine — dégénérescence aussi bien morale et intellectuelle que physique, Les statistiques en donnent la preuve en analysant les crimes, les délits, l'aliénation mentale.... Et, en dehors de tous ces faits frappants, combien de santés chétives, — d'intelligences obscures, — de moralités chancelantes et douteuses vivant au milieu de nous dans la société, et dues à l'intempérance, même chez ceux qui n'en sont pas coupables et qui doivent ces défauts à l'hérédité ! — Mais les pères ne seront pas, comme dit l'Ecriture « punis dans la personne de leurs enfants » jusqu'à la quatrième génération » : — au bout de deux, trois générations au plus, la fécondité diminue, la stérilité succède et les familles s'éteignent.

—

Les autres causes de dégénérescence sont : la misère, les professions insalubres, la nourriture malsaine ou insuffisante, la famine.... Grâce à nos moyens de communication et de transport, grâce à la liberté de commerce, les famines chez nous ne sont plus à redouter ; grâce aux progrès de la culture, les altérations des céréales qui sont en France le fond de l'alimentation, deviennent de plus en plus rares. Il n'en a pas toujours été ainsi : L'histoire rapporte de graves épidémies dues à l'altération du seigle par un champignon vénéneux connu sous le nom d'*ergot*. Ces épidémies ont sévi en France pendant tout le moyen-âge ; — quelques-unes, moins meurtrières ont encore été signalées jusqu'au XVIIe et XVIIIe siècle en Allemagne. Tantôt la maladie était caractérisée par des convulsions ; d'autres fois par la gangrène des extrémités. On l'appelait alors le Mal des Ardents ou le Feu de Saint-Antoine. C'était Saint-Antoine, en effet, qui était chargé de la guérir, comme Saint-Roch, la peste, et Saint-Hubert, la rage.... Depuis la Révolution française, les conditions de l'existence se sont fort améliorées. Dans le bon vieux temps, les pauvres gens ne vivaient guère que de seigle et d'orge. Aujourd'hui, c'est avec du blé qu'on fait le pain pour tout le monde. L'Ergotisme a disparu.

—

Dans une contrée voisine, — en Piémont et en Lombardie, règne une maladie déterminée aussi par l'altération du maïs qui fait la principale nourriture des habitants de la campagne : On met de l'eau dans un grand chaudron sur le feu ; on y verse de la farine de maïs, puis on remue le tout avec un bâton jusqu'à en faire une espèce de pâtée ou de bouillie épaisse qui se nomme la *Polenta*. La Polenta n'est pas malsaine quand le maïs est bon, mais lorsque celui-ci a subi certaines altérations, elle détermine la *Pellagre*, maladie qui n'est pas inconnue dans le S.-O. de la France.

Près des mêmes pays, dans les vallées basses, profondes et obscures des Pyrénées et surtout des Alpes règne le Goître. C'est une tumeur du cou quelque fois très volumineuse, et descendant même jusque sur la poitrine. Les goîtreux procréent des crétins et des idiots. Cette maladie dont les causes ne sont pas complètement connues est un type parmi celles qui produisent la dégénérescence de l'espèce humaine. Il y avait dans plusieurs vallées entre la France et la Suisse des villages protestants et des villages catholiques ; ceux-ci étaient pauvres, les autres, relativement riches. On a remarqué que le goître sévissait avec bien plus d'intensité chez les catholiques que chez les protestants. Aujourd'hui, l'aisance s'est répandue des deux côtés et en beaucoup de points la maladie goîtreuse diminue devant les progrès de l'hygiène. Dans la Savoie cependant, plus de 18 conscrits sur 100 sont exemptés pour cause de goître. Ici encore, nous voyons disparaître les familles atteintes, par le fait de la stérilité des descendants.

—

Enfin, comme dernier exemple des maladies qui affligent l'humanité et que l'hygiène peut vaincre, je vous citerai : la *Malaria*, la fièvre des marais. Elle règne partout où il y a de la terre végétale et de l'eau, et où la chaleur est suffisante pour développer les miasmes qui la produisent. Les pays chauds surtout, sont maltraités par les fièvres, particulièrement sur les côtes et le bord des rivières. C'est là le principal obstacle à la colonisation et à la multiplication des immigrés. Elle sévit aussi dans les pays tempérés. Les fièvres de Rome et des Marais-Pontins sont redoutables. En France, la Bresse, la Sologne ne produisent encore qu'une population chétive. Ce pays-ci, même, gagné sur la mer par le travail de nos pères a été longtemps fort malsain par le fait des fièvres. C'est ce qui a donné lieu à ce vieux dicton militaire :

Dieu nous garde de la peste ; de la famine,
Et des garnisons de Bergues, Dunkerque et Gravelines.

La culture et surtout le bon entretien des canaux et des waeteringues ont considérablement diminué le nombre et la gravité de ces fièvres qui ne se présentent plus que sous une forme atténuée et peu grave. Depuis plus longtemps déjà, avait disparu le scorbut, qui régnait jadis sur toutes les côtes de la mer du Nord. Ce qui nous démontre que tous les progrès marchent ensemble, et produisent avec le travail et la richesse et la santé.

Les prescriptions écrites de l'hygiène datent de longues années. A l'origine, elles étaient confondues dans les livres sacrés avec les institutions religieuses et civiles comme nous le voyons dans les lois de Manou, le législateur des Hindoux, nos premiers aïeux. Ces lois se perdent dans la nuit des temps, mais elles n'ont été mises en vers et transcrites que quinze siècles seulement avant notre ère. Dans le Pentaleuque, écrit par Moïse, 1700 ans avant J.-C., nous trouvons prescrits : le repos du septième jour, des préceptes au sujet de la Lèpre, les purifications, la défense de se nourrir du sang des animaux, l'abstinence de certaines viandes... qui sont évidemment des prescriptions hygiéniques.

Ces prescriptions, — nous devons le croire, avaient, dans ce pays et à cette époque, leur raison d'être. On peut penser, par exemple, que la chair du porc était malsaine. On sait d'ailleurs qu'elle convient moins dans les pays chauds que sous les latitudes froides ou tempérées. L'erreur consiste à conserver toujours et partout des coutumes qui n'ont plus de raison d'exister.

Transgresser ces lois était un crime puni de chatiments divers. Dans l'Inde, manger des animaux défendus, c'est s'exposer, — je cite textuellement — « a être dévoré dans l'autre monde, par » les animaux dont on a mangé la chair » illicitement, — et sans pouvoir oppo- » ser de résistance. » Chez les Hébreux, la sanction était plus immédiate et non moins terrible : Les coupables devaient être « exterminés du milieu d'Israël, » — on les lapidait. Ces lois ont duré longtemps, mais tous n'y obéissaient pas ; la preuve existe dans le grand nombre de porcs que l'on élevait dans la Judée au temps de J. C. Témoin le troupeau qui fut précipité et noyé dans le lac de Génésareth. — « Or, dit l'évangéliste St-Marc, au chapitre V, « il y en avait environ 2.000. Quoiqu'il en soit de toutes ces prescriptions, au point de vue de l'hygiène il faut en prendre et en laisser. Aujourd'hui, les jambons de Bayonne ou de Hambourg, même ceux du pays, ne font de mal à personne. Je n'en dirai pas autant de certaines charcuteries qu'on mange en Allemagne, qui donnent le ver solitaire lorsqu'elles proviennent de porcs ladres, — et une maladie plus grave et très souvent mortelle quand ces mêmes animaux sont atteints de trichines, sorte de petits vers microscopiques rassemblés par millions dans la chair de l'animal vivant.

Les purifications étaient, au début, réelles, c'était une véritable ablution, un lavage, comme l'indique le terme d'eau lustrale chez les païens : *Eau qui sert a laver*. — Le mot baptiser vient du grec et signifie : *plonger*. En effet, chez les premiers chrétiens, pour baptiser on plongeait entièrement dans l'eau le corps du néophyte. Plus tard, la cérémonie n'a plus rien d'hygiénique, ce n'est plus qu'un symbole religieux. Dans l'Inde, le caractère hygiénique à la fois et religieux de la loi, se montre dans ce passage du livre sacré que je cite textuellement : « La » science sacrée, le feu, les aliments purs, » la terre, l'esprit, l'eau, l'enduit fait » avec de la bouse de vache, (la vache est un animal sacré pour les Hindous) » l'air, les cérémonies religieuses, le so-

» leil et le temps, voilà quels sont les » agents de purifications ». Chez les Musulmans, les ablutions sont encore imposées par la loi religieuse. Elles doivent être effectives, c'est-à-dire qu'il ne faut pas faire semblant de se laver ; ce n'est que faute d'eau qu'on peut se servir « d'un sable fin et pur ».

Il est, au reste, facile de voir que toutes ces presciptions ont entre elles une grande ressemblance chez tous les peuples orientaux — Hébreux, Hindous, Musulmans, — ce qui indique leur commune origine.

Tout cela est plus intéressant au point de vue philosophique qu'à celui de la santé ; revenons à des études plus réellement médicales.

La civilisation grecque et romaine avait fait faire un grand pas à l'hygiène privée et publique ; je n'en donnerai qu'une preuve : les magnifiques aqueducs, les immenses travaux que les Romains particulièrement ont faits dans tous les pays qu'ils ont occupés, pour pourvoir les habitants d'eau en abondance. Aujourd'hui, sur ce point, nous sommes encore en retard sur eux.... mais nous savons que l'eau est un agent indispensable à l'assainissement des villes et celles-ci font partout des efforts et des sacrifices pour s'en procurer.

—

A la civilisation antique étouffée par les invasions des barbares, succédèrent les siècles de ténèbres et de décadence connus dans l'histoire sous le nom de Moyen Age Pendant mille ans, c'est une succession de guerres, de famines, d'épidémies et de misères de toutes sortes. A peine si dans les cloîtres quelques lueurs survivaient au milieu d'une nuit d'ignorance. Seuls, les clercs savaient lire et pouvaient sauver quelques débris des connaissances humaines. La noblesse ne songeait qu'à guerroyer ou à briller dans les tournois. Quand on ne se battait pas contre les ennemis du dehors, on luttait contre ses voisins et même contre son roi. Le peuple ne comptait pas, mais il travaillait pour nourrir les autres et payait seul les impôts.

Le moyen-âge peut être appelé le temps de la superstition et de la misère... Aussi n'avait-on à cette époque aucun souci de l'hygiène. — Les villes n'étaient ni éclairées ni pavées. Partout, à Paris même, des cloaques fangeux et des amas d'immondices au milieu des quels les poules et les pourceaux cherchaint leur nourriture.

Un jour, le roi faillit être tué par un cochon qui se jeta dans les jambes de son cheval ; et seulement alors parut un arrêté pour empêcher les divagations de ces animaux. Les moines d'une certaine abbaye du faubourg St-Antoine refusèrent d'obéir à l'ordonnance royale qui diminuait un de leurs profits..... il fallut se soumettre....

Quand une maladie épidémique tombait sur ces populations mal nourries, entassées dans des ruelles étroites et obscures, le fléau sévissait avec une activité prodigieuse. Pour combattre la maladie on n'avait recours à aucun des moyens rationnels que prescrit aujourd'hui la science : Dans l'opinion de tous, le mal n'ayant pour cause que la colère divine, on s'adressait à Dieu et à ses saints. Les populations s'entassaient tout le jour dans les églises, au risque de multiplier la contagion ; on promenait en grande cérémonie les reliques vénérées. A Paris, c'était la châsse de Ste Geneviève, patronne de la cité..... C'est au même moyen, du reste, qu'on recourait dans toutes les grandes calamités, telles que les incendies qui brûlaient fréquemment des villes entières, dont les maisons, à cette époque, étaient presque toutes construites en bois...... Aujourd'hui, dans ce cas, nous préférons les pompes à vapeur.

—

Dans les dernières années du Xe siècle, après d'horribles famines et de grandes épidémies,—parmi lesquels le mal des Ardents dont je vous ai parlé, une croyance se répandit partout : l'an mille arrivait et avec lui, la fin du monde ! Comment douter ? La prédiction était écrite dans l'apocalypse... Partout, dans la chaire de vérité, les sermons éveillaient dans les imaginations crédules et ardentes les plus sinistres images..... On disait, dans les conciles : « Elle approche, l'arrivée de » Dieu, dans sa majesté terrible, du pas» teur éternel devant lequel vont compa» raître tous les pasteurs et les trou» peaux ! » Aussi, chacun léguait ses terres et ses châteaux aux églises, aux monastères pour s'acquérir des protecteurs dans ce royaume des cieux où l'on allait entrer. Beaucoup de ces chartres de donations, commencent par ces mots : « La fin du monde approchant et sa ruine étant imminente...»

« Quand vint le terme fatal, les popu» lations s'entassèrent incessamment dans » les basiliques, dans les chapelles, dans » tous les édifices consacrés à Dieu » et attendirent transies d'angoisses que » les sept trompettes des sept anges du » jugement retentissent du haut du » ciel. »

Mais le premier jour de l'an mille se

passa, puis les mois, puis l'année entière, l'humanité se sentit renaître et revivre. Comme on avait peu semé, on souffrit bien de la disette, mais on avait l'espérance ! Le clergé ne rendit pas l'argent, et vers la troisième année après l'an mille, les basiliques sacrées furent réédifiées de fond en comble.

A cette épidémie de terreur superstitieuse, qu'une hygiène intellectuelle et morale mieux entendue aurait fait éviter, succédèrent des épidémies plus durables et plus meurtrières :

Les croisés rapportèrent la *lèpre* qui envahit toute l'Europe. Depuis les temps les plus reculés, cette maladie horrible et repoussante existait en Orient comme nous le rapportent les livres sacrés. Elle se multiplia chez nous à tel point que vers la fin du XIIe siècle, 19.000 léproseries ou maladreries furent fondées en Europe, dont 2.000 en France, pour renfermer plutôt que pour soigner les malheureux qui en étaient atteints.

L'ordre militaire et religieux des Hospitaliers de St-Lazare, institué en Palestine pendant les croisades, fut introduit en France par le roi Louis VII. Les chevaliers étaient au nombre de cent ; ils pouvaient se marier et posséder des pensions sur toutes sortes de bénéfices.... Sous l'influence de l'hygiène publique, et peut être du changement des constitutions, la lèpre finit par disparaître peu à peu, de sorte qu'à la fin du XIVe siècle, on n'en trouve presque plus de traces en Europe. Aussi voyons-nous François Ier mettre par ordonnance tous les biens des léproseries à la disposition du Grand Aumonier de France. Aujourd'hui sans être absolument inconnue chez nous, la lèpre n'existe plus guère qu'en Orient et en Amérique.

Je ne citerai pas toutes les épidémies pestilentielles qui ont traversé notre pays; je vous dirai quelques mots seulement de la fameuse peste noire qui envahit l'Europe vers le milieu du XIVe siècle. La France ravagée par des guerres incessantes, vaincue l'année précédente à la bataille de Crécy par l'ineptie de son roi, était ravagée par la guerre contre les Anglais à laquelle se joignit la guerre civile. Des armées de brigands parcouraient les provinces semant partout le pillage, la mort et l'incendie. Non contents de tuer, ils faisaient subir à leurs victimes des tortures effroyables dont on ne peut lire le récit sans horreur. Les campagnes étaient dépeuplées, les villages brûlés ; plus de nourriture.

La peste apparut. Ses effets furent effroyables. On a calculé qu'elle fit périr en quelques années le tiers de la population de l Europe, car elle promena partout ses ravages : en 1349 en Allemagne ; en 1351 en Angleterre. A Florence, elle avait tué 100,000 habitants. En certains pays, presque tous moururent, comme nous l'apprennent ces deux vers de l'époque :

En mil-trois-cent-quarante-huit,
A Nuits, de cent restèrent huit.

Le fléau de la famine se joignit à celui de la contagion ; les cadavres pourrissaient sans sépulture et répandaient l'infection partout ; les loups venaient les dévorer jusque dans les villes. ... Poussés par la rage de la faim, les hommes ouvraient les cimetières et de leurs ossements moulus et mêlés à un peu de farine, ils faisaient du pain.... On mangea de la chair humaine..... Détournons les yeux de ces lugubres tableaux.

La peste revint encore, et longtemps

après, mais moins générale. Ainsi en 167 années, de 1502 à 1669, la Provence subit douze épidémies. En 1720, Marseille perdit la moitié de ses habitants. C'est alors, qu'au milieu de la terreur commune se signalèrent par leur dévouement : l'évêque Belzunce, les médecins-commissaires envoyés par l'école de Montpellier, et, il faut le dire aussi, les forçats, les galériens du bagne.

Il y a peu d'années, l'Egypte passait pour être le berceau et le dernier foyer de la peste. Elle y existait d'une manière endémique, c'est à-dire qu'il y avait toujours des cas isolés ou peu nombreux dans la population. (C'est ainsi que le choléra est endémique dans l'Inde et la fièvre jaune autour du golfe du Mexique). Notre armée d'Egypte en fut atteinte à la fin du dernier siècle, lors de la funeste expédition de Syrie. La crainte exagérée de la contagion menaçait d'effrayer et de démoraliser nos soldats ; c'est alors que Desgenettes, le médecin en chef de l'armée s'inocula la maladie à lui même — comme on inocule la vaccine — en présence des troupes qui se baignaient sur le rivage. Déjà on l'avait vu boire dans le verre d'un pestiféré expirant, pour relever le courage des malades. — Il faisait là de l'hygiène morale. Quelque temps après, il se distingue encore par sa noble réponse au général Bonaparte.

Après avoir donné 14 fois l'assaut inutilement à St-Jean d'Acre, défendu contre nous par un traître, par un émigré, il fallut battre en retraite à travers le désert. L'armée arrivée à Jaffa, emmenait avec elle des pestiférés d'un transport difficile et qui menaçaient de transmettre leur maladie à toute la colonne. Le général en chef fit venir de grand matin Desgenettes dans sa tente, et lui proposa de leur administrer «une potion soporifique» ; — c'est-à-dire de s'en débarrasser en les empoisonnant. — «Mon métier est de guérir,» répondit simplement Desgenettes. — La leçon déplut à Bonaparte qui ne lui pardonna jamais.

De nos jours, il existe encore quelques foyers de peste. L'un en Mésopotamie dans les pays marécageux du Tigre et de l'Euphrate, où s'élevaient jadis les villes de Babylone et de Ninive. — Un second, du côté de la Mecque en Arabie. Celui-ci est particulièrement dangereux pour nous, à cause des nombreux pèlerins musulmans qui vont chaque année à la Mecque, reviennent dans notre colonie algérienne et pourraient y rapporter la peste, comme ils y ont introduit le choléra en 1865. — Le troisième sur la côte d'Afrique entre l'Egypte et la Tunisie. C'est là que mourut, il y a 5 ans, un médecin militaire français envoyé pour étudier et combattre le fléau. La peste l'enleva en six jours.

Ces foyers ne sont pas éteints, ils couvent perpétuellement, se rallument quelques fois, et menacent toujours d'éclater et de nous envahir. Aussi les gouvernements de l'Europe ne se relâchent-ils jamais d'une surveillance attentive ; mais ce qu'ils ne peuvent amender, malheureusement, ce sont les conditions d'hygiène déplorables dans lesquelles vivent les populations atteintes. Elles sont malpropres et misérables, sujettes aux inondations, à la disette et à la famine. Par suite de l'incurie ou d'un préjugé religieux, elles recouvrent à peine leurs morts d'une légère couche de terre. Ils croient qu'enfoncé à 2 mètres, on sortirait difficilement au jour de la résurrection. Cette fâcheuse coutume n'a pas peu contribué à nous donner le typhus lors de la guerre de Crimée. Dans les cimetières turcs les corps affleuraient le sol et répandaient au loin des émanations fétides. Des légions de rats énormes s'y étaient multipliés et demeuraient dans les cadavres où ils trouvaient à la fois leur habitation et leur nourriture. — Ce tableau vous paraît repoussant : On en vit bien d'autres à Dunkerque, à St-Eloi, quand il fut défendu d'inhumer dans l'intérieur des églises. Qu'il nous suffise de vous dire que les corps gonflés par la putréfaction soulevaient les dalles et que tous ces cadavres amoncelés depuis des années, formaient en dessous une boue putride et diffluente.

La loi, cependant, ne fut pas exécutée partout sans obstacles : on tenait alors à être enterré près des autels.

Au printemps dernier, on put avoir un moment d'alarme : la peste apparut au Sud-Est de la Russie, du côté d'Astracan, sur le Volga, menaçant l'Europe, au nord par Moscou, au midi par la mer noire et Constantinople. Les Russes étaient payés pour se souvenir : en 1771, presque toute la population de Moscou, la ville sainte avait été anéantie. Le gouvernement ne se contenta pas, comme on l'eut fait jadis d'implorer le grand St-Michel, St Serge et St Nicolas, patron de la Russie. Il fit partir aussitôt des troupes, pour former un cordon sanitaire, intercepter les communications et isoler le fléau. — Il envoya des médecins chargés d'observer la maladie, de soigner les malades, de prescrire les mesures hygiéniques les plus sévères. On brûla les maisons infectées, ainsi que les vêtements et les hardes qui auraient pu transmettre la contagion. L'épidémie s'éteignit sur place.

Sans toutes ces mesures énergiques et rationnelles, la peste, aujourd'hui, promènerait peut-être chez nous ses ravages

Il faut reconnaître que nous sommes devenus maintenant, — du moins chez les peuples civilisés, — moins insouciants à la fois, et moins peureux que nos pères. La frayeur de la contagion était telle que l'on n'osait approcher des malades sans des précautions minutieuses et puériles ; souvent même on les abandonnait, à la garde de Dieu et de St-Roch.

A une certaine époque, on avait imaginé d'affubler les médecins d'un costume protecteur, composé d'une grande robe á capuchon, qui recouvrait tout le corps et la tête ; les mains gantées étaient enfoncées dans de longues manches. Un masque cachait le visage, terminé en avant par une sorte de long nez, en forme de bec d'oiseau, par où l'on respirait, à travers des parfums. Joignez à cela un grand bâton pour tenir les passants à distance.....

A présent, les médecins approchent les pestiférés, les découvrent, les touchent et les pansent, absolument comme les autres malades. Ils ne craignent pas d'ouvrir les corps, et le scalpel à la main de scruter les lésions des organes pour faire progresser la science et tâcher de guérir mieux à l'avenir.... Il ne faut pas pour tout cela prodiguer le mot d'héroïsme ; ce n'est que l'accomplissement strict du devoir.

S'il est des maladies comme la peste ou le choléra que nous pouvons voir revenir un jour, il en est d'autres que les progrès de la civilisation ont vaincues et fait disparaître, ou du moins qui ne laissent plus chez nous que des traces isolées de leur existence antérieure. Je veux parler de ces épidémies mentales, de ces aberrations de l'esprit troublé par un mysticisme exagéré et par les croyances superstitieuses d'une dévotion mal entendue.

Les terreurs de l'an mille nous ont déjà fait voir ce que peuvent sur des esprits superstitieux et ignorants les craintes de dangers imaginaires.

—

Après la fameuse peste noire du XIVe siècle, effet, suivant les croyances du temps, de la colère divine ; et, comme si la punition du ciel n'avait pas été assez rude, l'idée de faire encore pénitence germa, grandit chez un grand nombre de personnes et donna lieu à la singulière manifestation des *Flagellants*.

On vit alors des bandes nombreuses d'hommes, de femmes et d'enfants parcourir nus, les rues des villes et les chemins. Avec un fouet à nœuds armé de quatre pointes aïgues, et chantant des prières lugubres, ces émergumènes se poursuivaient les uns les autres et se frappaient jusqu'à ce que la peau, déchirée sous les lanières, laissât jaillir le sang .....

Ils portaient des étendards de soie cramoisie et ornées de peintures, — ils devaient sortir de leur patrie et se flageller trente-trois jours et demi en mémoire du nombre d'années que le Christ avait passées sur la terre.

Quand la troupe arrivait dans une ville, leur chef, lisait à haute voix une lettre de J.-C. aux populations rassemblées ; et la flagellation commençait au chant des litanies. Beaucoup saisis par la contagion de l'exemple quittaient leurs vêtements et s'élançaient, le fouet à la main au milieu de la troupe......

Une pareille aberration mentale paraît incroyable aujourd'hui, où l'on n'use plus des macérations et du jeûne qu'avec une sage discrétion ; — où les pénitents les plus sincères se servent rarement de la discipline et où l'on porte sur la peau plus de gilets de flanelle que de haires et des cilices de crin.

Voici comme se termina cette épidémie : Les flagellations et le chant des psaumes ne nourrissaient pas les pénitents ; il fallait vivre. Ils en vinrent à se livrer à la maraude et au pillage dans les campagnes. Les paysans leur coururent sus à coups de fourches et les flagellants disparurent.

Observons comment ont commencé, se sont accrus et ont enfin fini ces désordres maladifs de l'intelligence : Une secte religieuse de flagellants existait déjà en Italie, bien que désapprouvée par le pape. Nous avons vu comment elle s'étendit après la peste noire. Elle finit, comme elle avait commencé, par une confrérie où la flagellation était déjà très atténuée. Le roi de France Henry III en faisait partie. On les appelait les blancs-battus, à cause de leur robe blanche ceinte d'une corde à nœuds. — Depuis même, il y a moins d'un siècle il y avait encore des flagellants en Italie, mais ceux ci étaient soldés pour se fouetter eux-mêmes et effacer ainsi les pêchés de ceux qui les payaient.

Toutes les religions ont eu leurs aberrations mentales pâthologiques et si saint Siméon Stylite a vécu 36 ans sur le haut d'une colonne, ne faisant qu'un repas par semaine et ne prenant rien tout le carême, il y a encore à Constantinople des derwiches tourneurs et hurleurs, qui croient honorer Dieu, les uns, en poussant des hurlements, les autres, en tournoyant sur eux-mêmes comme une toupie. Tout le monde peut voir en Algérie, les Aïssaoua, qui, dans le même but, se traversent les joues avec des pointes de fer, dévorent des scorpions vivants et se livrent à une sorte de danse effrénée et spasmodique, jusqu'à ce qu'ils tombent sur le sol, exténués, sans connaissance et qu'on les emporte. — Une chose singulière, c'est que le nom de ces fanatiques signifie textuellement : jésuites. En effet, en Arabe, Sidi-Aïssa veut dire : Monseigneur Jésus. — Jésus est pour eux un prophète, au même titre qu'Abraham et Moïse. — Dans l'Inde, des Fakirs couvent eux-mêmes des œufs et les font éclore ; d'autres, portent à la main, un pot de fleurs à bras tendu, jusqu'à ce que leurs membres raidis s'ankylosent et se dessèchent comme un bâton. Toutes ces déviations de l'intelligence sont du ressort de l'hygiène intellectuelle et morale, qui, sans guérir, il est vrai ceux qui en sont atteints aujourd'hui, fera disparaître dans l'avenir, cette forme de folie.

C'est ainsi qu'en France, il n'y a plus guère de sorcières ni de sorciers. S'il en reste encore dans quelques campagnes arriérées, ce ne sont plus que des imposteurs qui exploitent la crédulité des imbéciles, pour leur soutirer leur argent.

La sorcellerie a existé dès les temps les plus anciens : Moïse nous parle des Magiciens d'Egypte qui, devant Pharaon, changeaient leurs verges en serpents mais ceux-ci furent dévorés par la verge d'Aaron, qui lui, faisait un vrai miracle, et non pas acte de sorcellerie.

Dans le cours de la Sainte-Ecriture, il est encore parlé de magiciens, d'enchanteurs, de devins, de sybilles, de possédés..... Chez les Peaux Rouges d'Amérique, prêtre, jongleur, médecin, sorcier, c'est la même profession.

Chez nous, la sorcellerie ne prit toute son intensité qu'à la fin du moyen-âge, — et surtout un peu plus tard, alors que tous les esprits étaient surexcités par les querelles et les guerres religieuses.

Pour pénétrer sérieusement dans ce sujet, il faut, nécessairement se reporter aux idées dominantes, aux croyances de l'époque et des siècles qui ont précédé. — Vous souririez aujourd'hui si l'on vous parlait du diable et de ses cornes, et de sa fourche de fer ; mais, il y a 300 ans et même moins, cela ne faisait pas rire, on frémissait de terreur et d'épouvante. Le démon donnait des preuves palpables de son pouvoir ; il se montrait en personne. On lui vendait son âme par un pacte solennel,— et ses victimes, séduites par les promesses de pouvoir prédire l'avenir, évoquer les morts, acquérir de la puissance et des richeses, se livraient à toutes sortes de pratiques sinistres ou bizarres. Elles allaient au sabbat. La croyance aux démons était dans tous les esprits. Dans les sermons, on les dépeignait, tourmentant les damnés, les torturant et les faisant bouillir dans la chaudière... Ces scènes terrifiantes étaient partout reproduites, dans les sculptures qui ornent encore les portails de nos églises gothiques, comme on le voit aux cathédrales de Bourges et de Strasbourg. Ces images de pierre dont la crudité naïve offusque un peu la pudeur de ceux qui les regardent de près, étaient alors le seul livre du peuple. Je le répète, le démon était partout, et la croyance en lui universelle. Jacques Ier, roi d'Angleterre faisait un livre sur la *démonologie*. Catherine de Médicis, reine de France, celle qui fit la St Barthélemy, se livrait aux pratiques de l'astrologie. On faisait en cire l'image de la personne dont on désirait la mort, et on la piquait d'aiguilles; cela s'appelait : *envoûter*. Mais il ne fallait pas se laisser prendre, l'envoûtement en a conduit — même de puissants personnages — à l'échafaud.

D'ailleurs, il ne faisait pas bon de douter : Guillaume de Lure, docteur en théologie, ayant attaqué en chaire la croyance aux sorciers, fut poursuivi et condamné à mourir sur un bucher ; — à Poitiers, la preuve la plus péremptoire que l'on donnait de leur existence, c'est qu'on les brulait par milliers. — Ce genre d'exécution s'appelle : un auto da-fé — un acte de foi. Les tribunaux ecclésiastiques étaient chargés le plus souvent d'Instruire le procès, avec les formes de l'Inquisition, et les victimes étaient ensuite livrées au bras séculier, — mais avec défense de verser leur sang. — *Ecclesia abhorret à sanguine*. — Je vous demande pardon de parler latin comme au sermon, — mais il faut citer textuellement. Au reste, je traduis : *l'Eglise a horreur du sang*. — On les brulait vifs. Pas tous cependant, quelques uns, étaient étranglés seulement ; d'autres étranglés après avoir senti la flamme ; enfin, il y en avait qu'on se contentait d'enfermer dans un in-pace, c'était une étroite cellule souterraine, une basse fosse, fermée de grilles. Ceux-ci étaient emmurés (enfermés dans un mur). — Quand on craignait que quelque sorcier ou hérétique ne scandalisât le peuple par ses propos, au milieu des flammes, on avait la précaution de lui faire, préalablement, arracher la langue par le bourreau.

L'Eglise donnait au juge et à l'accusateur la confiscation de leurs biens. « Partout (dit le célèbre historien Michelet) « où le droit canonique reste fort, les » procès de sorcellerie, se multiplient, » enrichissent le clergé. Partout où les « tribunaux laïques revendiquent ces af« faires, elles deviennent rares et ten« dent à disparaître ».

Être accusé, c'était presque toujours être condamné d'avance. Aussi ne manquait-on pas, pour faire réussir d'autres accusations d'y joindre celle d'hérésie et de sorcellerie. C'est ce qu'on fit pour notre Jeanne-d'Arc ; on l'accusa d'invoquer les démons : *Invocateresse de diables*, fut-il écrit sur le tableau attaché à son bûcher.

En 1459, les prisons d'Arras étaient encombrées de personnes accusées d'assister au sabbat, elles furent toutes soumises à la torture, et la plupart brûlées. — La torture n'était qu'un moyen d'instruction — pas toujours nécessaire, du reste. Beaucoup avouaient, et pourtant l'acte seul d'assister au sabbat, renfermait 15 crimes énormes. — En 1577 le Parlement de Toulouse condamna d'un coup 400 femmes. — Quatre cents corps humains sur le même bûcher ! Il y eut toujours beaucoup plus de femmes que d'hommes. Mille sorcières, dit-on, pour un sorcier.

Un magistrat, — de Lancre se glorifia d'avoir fait conduire au supplice, à Bordeaux, 500 prétendus sorciers en 1619. Dans le cours du XVIIe siècle, on brûla encore 3,000 sorcières. En Allemagne, bien davantage. Les princes-évêques surtout :

— Celui de Bamberg 500 — celui de Wurtzbourg : 900

Il faut arrêter cette énumération. Ce n'est qu'en 1672 que Louvois défendit aux tribunaux d'admettre le crime de sorcellerie...... Mais le Parlement de Rouen réclame et fait très-bien entendre qu'en niant la sorcellerie, on compromet bien autre chose. — C'était un Parlement conservateur.

Dès lors, toutes ces aberrations mentales disparurent peu à peu, et les exemples que l'on en retrouve dans l'histoire, ne sont plus que des faits locaux et exceptionnels. Ainsi, les trembleurs des Cévennes ; les convulsionnaires de Saint-Médard ; les possédées de Loudun..... Il y a peu d'années, sous l'Empire, parut dans un village des Alpes une petite épidémie de manie religieuse; des femmes, des filles se croyant possédées, se livraient à toutes les excentricités observées en pareil cas. Le mal durait depuis plus de trois ans. On les exorcisait sans beaucoup d'avantage lorsqu'on décida que les exorcismes ne seraient plus seulement individuels mais généraux et publics.

Ici, je laisse la parole à la relation officielle :

» Au jour convenu, toute la commune
» étant réunie dans l'église, on commence
» la cérémonie ; mais aussitôt, un affreux
» bouleversement se produit : on ne voit
» plus que des convulsions sur tous les
» points on n'entend plus que des cris,
» des jurements, des coups frappés sur les
» bancs, des invectives et des menaces
» adressées aux exorcistes. »

La maladie fit de rapides progrès et le nombre des malades s'accrut de jour en jour. Alors, on envoya des gendarmes, et tout rentra dans l'ordre. (Ceci s'est passé en 1861 à Mozzines, dép^{t} de la Haute Savoie)

Nous voilà bientôt en 1880 ; la croyance aux démons a fait son temps — et comme l'a dit Béranger : le Diable est mort ! — C'est un puissant moyen d'action qui fait maintenant défaut au grand principe d'autorité, car la peur peut beaucoup pour faire marcher les hommes. Mais le philosophe voit là la plus grande de toutes les Révolutions : l'atteinte portée à la croyance au surnaturel. C'est un vieux monde qui s'en va.....

Si, après vous avoir parlé des maladies du corps, j'ai autant insisté sur les affections morbides qui sont du domaine de l'esprit, c'est pour vous faire voir jusqu'où s'étendent les questions que l'hygiène embrasse et pour vous montrer qu'elle doit étudier aussi tout ce qui touche à l'intelligence et à la moralité humaines.

Je dois vous énumérer maintenant les questions que comprendra notre cours. Comme ceci n'est qu'un programme, chose un peu fastidieuse à entendre, je le resserrerai autant que possible.

PREMIÈRE LEÇON

De l'hygiène, son but ses moyens.

Des agents atmosphériques au point de vue de son influence sur la santé, (air, lumière, chaleur, électricité, sécheresse, humidité, vents.)

Altérations principales de l'air (climats, endemies, épidémies.)

DEUXIÈME LEÇON

Des habitations (sol, exposition, ventilation, chauffage, éclairage, propreté) ; causes d'insalubrité.

Vêtements : Modifications selon les âges, les saisons, les climats, le temps.

Soins du corps : Cosmétiques, bains de propreté en général.

TROISIÈME LEÇON

Aliments : Nature et qualité des divers aliments ; leur appropriation aux âges, aux tempéraments, aux professions, aux climats : conditions d'une bonne digestion.

Conserves alimentaires, altérations et falsifications des aliments.

QUATRIÈME LEÇON

Boissons : Eaux potables et leurs caractères ; leurs altérations, moyen de les prévenir et de les corriger. Conservations des eaux potables.

CINQUIÈME LEÇON

Boissons fermentées : Vin, cidre, bière spiritueux, liqueurs, café, thé.

Hygiène des sens : Veille et sommeil, travaux intellectuels et manuels.

SIXIÈME LEÇON

Exercice et repos ; gymnastique, natation, équitation, escrime, danse.

—

Vous voyez par ce programme abrégé, combien sont nombreuses et complexes les questions traitées dans un cours complet d'hygiène ; que de choses il faudrait savoir, non pas pour les épuiser, mais seulement pour en avoir une connaissance assez approfondie.

Heureusement ce n'est pas tout cela qu'il s'agit d'apprendre : Ce sont des notions générales, nécessaires à tous et qui doivent faire partie de l'éducation commune ; — et aussi quelques connaissances particulières, utiles à chacun, suivant sa profession, suivant les circonstances de vie où il se trouve, le climat qu'il habite..... etc

L'homme qui a appris ces choses élémentaires, a la clef des recherches dont il peut avoir besoin ; il sait lire maintenant, il peut interroger les ouvrages spéciaux, y trouver et comprendre facilement tout ce qui lui est nécessaire. Il n'est plus complètement ignorant de ce qui concerne la santé et la maladie ; il ne se croit pas médecin pour cela, mais il est débarrassé d'une foule d'erreurs et de vieux préjugés qui composent sur ce sujet le bagage commun.

En général, les gens du monde sont mauvais juges et de la valeur professionnelle des médecins, et des choses de la médecine. Pour la plupart d'entre eux, la maladie est un être malfaisant, une espèce de poison vivant, qui doit avoir son contrepoison quelque part dans une substance de la nature... Le médecin connaît toutes les maladies, puisqu'il a un diplôme, — il doit connaître aussi le remède. Donc, il n'y a qu'à trouver le nom de la maladie et à prescrire le remêde.... Rien n'est plus simple !

En réalité, il n'en va pas ainsi : La maladie est la réunion des troubles fonctionnels des organes lésés dans leur substance. Ces troubles réagissent les uns sur les autres et il n'est pas toujours facile de découvrir la source d'où ils proviennent. Quand on a trouvé le siège de la lésion, ses causes et sa nature, on a porté ce que nous appelons le *diagnostic*. — On calcule ensuite les chances de mort ou de guérison : c'est le *pronostic*. Puis vient enfin le *traitement* qui n'est pas seulement la rédaction d'une formule, mais bien la prescription d'une médication calculée, qui fixe les doses à employer ; — les heures et les modes d'administration ; qui observe les effets produits pour modifier, s'il y a lieu, la manière d'agir. Il faut pour tout cela beaucoup d'étude, le génie de l'observation, un raisonnement serré, pas trop d'imagination, et ce qui n'est pas donné à tous : le coup d'œil médical.

Il y a encore avec la médication, le traitement hygiènique. Celui-ci, qui n'est pas le moins important, consiste à mettre le malade, autant que possible, dans les conditions les plus favorables au rétablissement de sa santé : Le repos ou l'exercice, la diète ou l'alimentation, la température, le renouvellement de l'air etc. Tout cela variable suivant la nature de la maladie ou la constitution du malade... Et je ne parle pas du traitement moral ; il y a là tout un chapitre que nous ne pouvons traiter ici, mais dont on comprend l'importance, si l'on sait bien avec quelle activité, les chagrins, les inquiétudes, la peur, agissent sur les hommes.

Les homéopathes ne se servent pas des mêmes doses que nous. Voici comme ils procèdent.

Un grain de la substance médicamenteuse est mêlé à 99 grains de sucre de lait ; puis un grain du mélange est mêlée de nouveau à 99 autres grains de sucre.... et ainsi de suite. Par ces *dilutions* ou ces mélanges répétés jusqu'à trente fois, la dose administrée est réduite à une fraction de la quantité première représentée par 1, précédé de 60 zéros. Je ne me charge pas d'exprimer ce nombre fantastique. Il me suffira de vous dire qu'une goutte de vin traitée de cette manière, tiendrait à la 1re dilution dans une cuiller à café. A la seconde, elle occuperait un demi-litre. Qu'à la 5me elle serait noyée dans 500 mille litres d'eau et que bien avant la 30e dilution, toute l'eau de la mer n'y suffirait pas. — Vous voyez ce que sont leurs doses. L'homéopathe malhonnête se contente de prescrire cela et. ... empoche l'argent du malade. L'homéopathe qui n'est qu'à moitié malhonnète, joint à cette vaine pharmacopée, des prescriptions hygièniques ; — celui-là du moins ne fait pas de mal. — (Une potion inerte, peut même agir par l'intermédiaire de l'imagination. — On purgeait l'impératrice Joséphine avec des pilules de *mica panis*, en français : des boulettes de mie de pain.) Il y en a même qui se disent vrais disciples d'Hahneman — c'est l'inventeur allemand de l'homéopathie — et qui ne se font pas faute de prescrire les médicaments à dose véritablement active ... Ceux-là ce sont les habiles !..... Tous charlatans ! Ils mettent en pratique l'aphorisme d'un des leurs. « Le vulgaire veut être trompé, qu'on le trompe ! » Et la bêtise humaine s'y laisse prendre ! L'ignorance a soif de merveilleux, on lui en donne. Homéopathes, rebouteurs, somnambules, charlatans, sorciers, magnétiseurs, imposteurs de toute couleur et de tout habit, vous servent leur marchandise. — et vous payez !

— Quand je dis vous, il s'agit, bien entendu des innocents qui s'adressent à ces gens-là.

Mais, je reviens à mon sujet ; je disais que les personnes du monde sont peu aptes à juger des choses de la médecine. Qu'un médecin, par exemple, ramène des portes du tombeau un enfant chéri de ses parents, une mère, un père nécessaires à leur famille ; — ou que, par une opération difficile et délicate, il sauve un malade près d'expirer ; cela frappe tout le monde. On admire, on est heureux, on est même reconnaissant Mais, si le même docteur par ses prescriptions hygiéniques, conseillées d'avance a prévenu dans une famille des maladies qui seraient survenues plus tard, cela ne se voit pas et on ne lui en tient guère compte. Et c'est ce que tous les médecins font tous les jours. Cet enfant a des prédispositions fâcheuses, il a besoin de chaleur, — il faut lui faire porter de la flanelle, — lui faire prendre de l'huile de foie de morue... Pour cet autre, il faut modérer le travail de l'école, le faire vivre au grand air... Attendez encore avant de marier cette jeune fille. . Telle profession ne convient pas à celui-ci... Il y a des cas de variole en ville ; il faut vous revacciner... Et mille autres recommandations, dictées par l'expérience, d'une importance extrême — et dont on ne se doute pas. Aussi, devrait-on conserver le médecin qu'on a choisi : il a soigné les parents, mis les enfants au monde ; il connaît les antécédents des uns et des autres, leur constitution, leur tempérament.

Il ne faudrait pas aller consulter les charlatans de Belgique, qui devinent les maladies en faisant semblant d'analyser les urines ; il ne faudrait pas demander l'avis de deux ou trois docteurs à l'insu l'un de l'autre et mêler des prescriptions qui ne vont pas ensemble. C'est ce que ne font plus déjà ceux qui raisonnent juste sur ce sujet, mais le nombre n'en est pas bien grand.

On choisit son médecin d'après des données étrangères à la profession : L'un vous plaît parce qu'il paraît affable et bienveillant ; cet autre, vous en impose par son aspect brusque et son apparence de franchise ; — Celui-ci par sa gravité. Vous prenez celui-là parce qu'il est prôné par une certaine coterie. Bienheureux, quand votre choix n'est pas faussement guidé par des considérations tout-à-fait secondaires, comme la taille de l'homme, la coupe de l'habit ou la forme du chapeau... Et puis, quelquefois, quand vous avez perdu l'un des vôtres, atteint — et vous le saviez — d'une maladie incurable, vous changez de médecin, sans vous souvenir du dévouement que le premier a montré, sans raisons meilleures que les cancans des commères qui vous disent : on aurait dû faire ceci... pourquoi n'a-t-on pas fait cela ? .. Est ce vrai ?

Des mères m'ont apporté leur enfant presque aveugle et souffrant de la vue depuis des années. A ma première question : Comment avez-vous soigné votre enfant ? Qu'est-ce que vous avez fait ? Elles me répondaient naïvement : J'ai *servi* et j'ai *fait lire en bas*. Servir..., vous me comprenez. Lire en bas, je ne sais pas bien précisément en quoi cela consiste. Toujours est-il, qu'il y a certaines femmes qui ont cette spécialité: Elles lisent, je crois des prières en frottant de salive les paupières de l'œil malade, en souvenir sans doute de ce que fit J.-C. et qui est rapporté au Ch. IX de St-Jean l'Evangéliste. Mais elles ne guérissent pas comme le fit certainement Jésus.

Il y a encore d'autres femmes, — celles-ci pleines de dévouement et par pure charité qui exercent aussi. Elles pansent les blessures, elles soignent les maux d'yeux, elles ont une certaine pommade pour les panaris, mais elles ignorent la médecine et ne savent pas non plus que leur œuvre charitable pourrait, un jour, être troublée, par l'application de certain article du code, sur l'exercice illégal de la médecine. Leur dévouement serait utilisé avec beaucoup plus de fruit, si elles se contentaient d'exécuter les prescriptions autorisées d'un médecin et sous son contrôle. Leur place serait à la consultation gratuite de l'hôpital.

Nous avons vu en commençant, quelles sont les causes de dégénérescence pour l'espèce humaine ; comment certaines maladies détruisent le corps, l'appauvrissent ou le déforment.— Comment certaines autres s'attaquant au système nerveux troublent l intelligence dans ses manifestations. Je me suis arrêté en chemin, volontairement, sans entamer le chapitre d'un autre ordre d'affections dont on commence à étudier scientifiquement les véritables causes, je veux dire les maladies morales qui se traduisent par les vices, par les délits, par les crimes. Pressé par le temps, je laisserai de côté ces deux dernières parties de la question, pour ne vous parler que de la régénération physique de l'homme.

Nous savons comment on s'y prend pour embellir, fortifier, perfectionner nos animaux domestiques. L'agronome, par des procédés divers, et avec le temps, modifie profondément les races. Ici il fabrique des bestiaux qui produisent de la viande, là des moutons qui donnentde la laine plus longue et plus fine ; des chevaux de grande taille, pour traîner les fardeaux, d'autres plus sveltes pour la course ou la chasse. Sortis d'une souche unique, nos chiens présentent des races nombreuses et variées, ayant chacune son utilité particulière. Mais les procédés employés pour les animaux ne peuvent pas pour la plupart être appliqués à l'homme... Jadis, c'eût été plus facile. Ainsi les Lacédémoniens jetaient dans le gouffre de Taygète (c'était un endroit à ce destiné) — les enfants venus au monde trop faibles ou contrefaits. Chez les Romains on eût pu agir de même, la loi donnant au père le droit de vie et de mort sur ses fils — et à plus forte raison sur ses filles, qui alors ne comptaient guère. Mais chez nous, cela n'est plus possible ; nos lois, vous le savez, ne respectent plus à ce point la liberté du père de famille. Loin de lui permettre de les tuer, elles le contraignent à nourrir ses enfants et bientôt, peut-être, elles l'obligeront à leur donner l'instruction, le pain de l'intelligence. Le roi de Prusse, le Grand Frédéric recherchait les femmes les plus grandes et les plus solides, les mariait à des hommes de haute taille, — pour faire de beaux grenadiers. Ce moyen-là n'est plus à notre disposition : les femmes épousent qui elles veulent et... réciproquement.

Il y a eu des hygiénistes qui ont proposé d'interdire le mariage aux personnes ayant certaines infirmités, ou atteintes de maladies qui peuvent se transmettre d'une façon héréditaire. Ici, nous touchons presque à l'absurde. Une pareille loi fut-elle inscrite dans nos codes serait journellement transgressée. On ne peut pas marcher à l'encontre de la plus nécessaire et de la plus impérieuse des lois naturelles. Loin d'empêcher les mariages, les hygiénistes sérieux voudraient, au contraire, les voir se multiplier. Ils déplorent que certaines catégories d'individus, les uns pendant toute leur vie, les autres, pendant un temps seulement, mais dans la force de l'âge, comme les soldats, par exemple, soient empêchés de créer une famille.

Il faut donc laisser de côté tous ces moyens attentatoires à la liberté et à la dignité humaines. Ce n'est que par l'hygiène seule que l'on peut arrêter la dégénérescence d'une race qui s'abâtardit et la relever graduellement. Déjà, il a beaucoup été fait dans cette voie : En supprimant les disettes et les famines, en diminuant la misère, en combattant certaines maladies, on a élevé la durée moyenne de l'existence. De 29 ans, avant la Révolution, elle est aujourd'hui de plus de 37 ans en France. Et si nous avons moins d'enfants que d'autres peuples, nous sommes de presque tous les pays de l'Europe celui qui compte le plus de survivants à chaque âge ; — celui qui a la plus longue vie moyenne, après la Norwège, — et une des moindres mortalités. Tous ces progrès sont d'hier ; ils ne datent pas de cent ans ; ils se sont produits malgré des guerres qui nous ont enlevé tant de milliers d'hommes, choisis, vigoureux et dans la force de l'âge.

Les gouvernements, du moins dans les pays civilisés, portent à toutes ces questions le plus grand intérêt, ils ne se contentent pas de conseiller, ils agissent et prennent l'initiative des mesures les plus importantes. Ainsi, chez nous, on vient de nommer le comité consultatif d'hygiène, véritable conseil supérieur, composé des hommes les plus considérables par leur position, leur expérience et leur savoir... L'étude de l'hygiène commence à entrer dans l'éducation publique. Il y a longtemps qu'elle aurait du être exigée dans les écoles... Mais il est difficile de lutter contre la routine et de faire faire à certaines gens autrement qu'on faisait autrefois.

Mesdames, Messieurs,

Si j'ai pu vous intéresser un peu,

vous apprendre une seule chose utile, vous convaincre de l'importance considérable de l'hygiène ; — si j'ai pu déterminer un certain nombre d'entre vous à suivre nos cours, mon but a été atteint.

Retenez donc, en dernière analyse que l'hygiène doit avoir pour résultat définitif, l'amélioration de l'espèce humaine ; qu'elle sert dès maintenant à prévenir les maladies et à nous faire vivre le plus longtemps et le mieux possible — ce qui est la véritable fin de l'homme sur cette terre, et ce que je vous souhaite, — en vous remerciant de votre attention bienveillante.

Dr Vézien.

Imp. du Phare, r. du Sud, 29 — A. Deworst.

www.ingramcontent.com/pod-product-compliance
Lightning Source LLC
LaVergne TN
LVHW010058230826
846091LV00005B/1995

* 9 7 8 2 0 1 3 5 0 4 9 5 9 *